La Nueva Babilonia

T0055183

Editorial Gustavo Gili, SL

Rosselló 87-89, 08029 Barcelona, España. Tel. 93 322 81 61
Valle de Bravo 21, 53050 Naucalpan, México. Tel. 55 60 60 11
Praceta Notícias da Amadora 4-B, 2700-606 Amadora, Portugal. Tel. 21 491 09 36

Constant

La Nueva Babilonia

GG mínima

Títulos originales
Todos los artículos han sido extraídos del catálogo: Lambert, Jean-Clarence (ed.),
New Babylon: Constant. Art et utopie. Textes situationnistes, Cercle d'Art, París, 1997.
"L'intensification de l'espace", publicado originalmente en Duvignaud, Jean (dir.),
Nomades et vagabonds, serie "Cause commune", colección 10/18, UGE, 1975.
"Description de la zone jaune", publicado originalmente en *Internationale situationniste*, 4,
junio de 1960.
"Auto-dialogue à propos de New Babylon", publicado originalmente en *Opus international*, 27,
1971.

Colección GGmínima
Editores de la colección: Carmen H. Bordas, Moisés Puente
Versión castellana: Maurici Pla
Diseño Gráfico: Toni Cabré/Editorial Gustavo Gili, SL

Printed in Spain
ISBN: 978-84-252-2281-8
Depósito legal: B. 2081-2009
Impresión: Gráficas Campás, sa, Badalona

Constant
La Nueva Babilonia

"Somos los símbolos vivos de un mundo sin fronteras, de un mundo de libertad, sin armas, en el que todo el mundo puede viajar sin limitaciones desde las estepas de Asia Central hasta las costas atlánticas, desde las altas mesetas de Sudáfrica hasta los bosques finlandeses".

Vaida Voivod III, presidente de la Comunidad Mundial de los Gitanos
Extracto de una entrevista publicada en *Algemeen Handelsblad*,
Ámsterdam, 18 de mayo de 1963.

Desde hacía algunos años, los gitanos que se quedaban por algún tiempo en la pequeña ciudad piamontesa de Alba habían adoptado la costumbre de levantar su campamento bajo la cubierta que protege, un día a la semana, los sábados, el mercado de animales. Ahí encendían sus hogueras, ataban sus tiendas a las columnas para protegerse o aislarse, improvisaban cobijos con la ayuda de cajas y planchas abandonadas por los comerciantes. La necesidad de limpiar el mercado tras cada estancia de los cíngaros llevó al Ayuntamiento a prohibirles el acceso al mismo. Como compensación, se les asignó un trozo de terreno yerboso situado en una de las orillas del Tamaro, el pequeño río que atraviesa la ciudad. ¡Una parcela de lo más miserable! Allí es donde los fui a visitar, en diciembre de 1956, acompañado por el pintor Pinot Gallizio, propietario de este terreno irregular, cenagoso, desolado, que Pinot les había cedido. Habían encerrado un espacio entre algunas caravanas con planchas y bidones de gasolina, y habían hecho un cercado, una "ciudad de gitanos".

Aquel mismo día concebí los planos de un campamento permanente para los gitanos de Alba, y este proyecto está en el origen de la serie de maquetas que componen Nueva Babilonia, una Nueva Babilonia donde se construye bajo una cubierta, con la ayuda de algunos elementos móviles, una morada común, una vivienda temporal, remodelada constantemente: un territorio para nómadas a escala planetaria.

Definiciones

La sociedad utilitarista
Esta expresión designa todas las formas conocidas de sociedad, incluidos los estados capitalistas y socialistas modernos. Pone en evidencia una realidad fundamental, que es la misma para todas las formas de vida colectiva, pasadas y presentes: la explotación de la fuerza de trabajo del ser humano. La "utilidad" es el principal criterio que se aplica en la apreciación del hombre y de su actividad. El creador, el *homo ludens*, sólo puede hacer valer sus derechos de forma excepcional.

Lo contrario de una sociedad utilitarista es una sociedad lúdica, en la que el ser humano, liberado por la automatización del trabajo productivo, se encuentra

Sector en construcción. Fotomontaje.
© Victor Nieuwenhuys, Vegap, Barcelona 2008

8

por fin en condiciones de desarrollar su creatividad. Las expresiones "sociedad de clases" y "sociedad sin clases" no reflejan este conflicto, o bien lo hacen de un modo imperfecto. Ahora bien, es evidente que la sociedad lúdica sólo puede ser una sociedad sin clases. La justicia social no garantiza de ningún modo la libertad, ni la creatividad, que es la libertad hecha realidad. La libertad no sólo depende de la estructura social sino también de la productividad. Y el crecimiento de la productividad depende de la tecnología. En este sentido, la "sociedad lúdica" es un concepto nuevo.

Homo ludens

Expresión utilizada por primera vez por Johan Huizinga, en un libro que lleva este título, con el subtítulo "Ensayo sobre la función social del juego". En la introducción, Huizinga se refiere al hombre que juega en términos todavía muy comedidos: "Puesto que, a fin de cuentas, no somos tan razonables como se había imaginado en un siglo de las luces que veneraba la razón, hemos considerado adecuado añadir a la primera definición de nuestra especie, *homo sapiens*, la de *homo faber*. Ahora bien, la segunda expresión resulta todavía menos adecuada para definirnos que la primera, puesto que *faber* puede designar a cualquier animal. Y lo que es cierto respecto al acto de fabricar, también lo es respecto al juego: muchos animales juegan. Por el contrario, la expresión *homo ludens*, 'el hombre que juega', creo que refleja una función tan esencial como la de fabricar, y por tanto merece un lugar junto a la expresión *homo faber*".[1]

Esta prudencia en el empleo de las expresiones podría explicarse tal vez por la escasa importancia que la sociedad utilitarista otorga al juego. Desde siempre el *homo ludens* ha sido tan sólo una modalidad, manifestada en escasas ocasiones, del *homo sapiens*, un estado que, en la búsqueda del *homo faber*, pasó casi siempre desapercibido. Huizinga, para quien el juego es una huida fuera de la vida "real", no se aleja demasiado, en su interpretación, de las normas de la sociedad utilitarista. Y en su análisis histórico del tema sitúa muy justamente al *homo ludens* en los estratos superiores de la sociedad, y más precisamente en la clase dominante ociosa, y no en la masa de trabajadores. Ahora bien, al separar la fuerza de trabajo y la producción, la automatización ha abierto la vía para un incremento masivo del número de *homo ludens*. Como mínimo, Huizinga tiene el mérito de señalar el *homo ludens* en potencia que se esconde en cada uno de nosotros. La liberación del potencial lúdico del hombre está directamente relacionada con su liberación en tanto que ser social.

[1] Huizinga, Johan, *Homo ludens: proeve eener bepaling van het spel-element der cultuur*, H. D. Tieenk Willink, Haarlem, 1938 (versión castellana: *Homo ludens*, Alianza Editorial, Madrid, 2000).

11

El espacio social

Los sociólogos extienden este concepto al conjunto de relaciones y vínculos sociales que definen la libertad de movimientos del hombre en la sociedad y, sobre todo, sus límites. Esta interpretación simbólica del espacio no es la que aquí proponemos. Para nosotros, el espacio social es, en realidad, el espacio concreto de los encuentros, de los contactos entre los seres. La espacialidad es social.

En Nueva Babilonia, el espacio social es la espacialidad social. No hay nada que separe el espacio entendido como dimensión psíquica (el espacio abstracto) y el espacio de la acción (el espacio concreto). La disociación entre ambos espacios sólo está justificada en una sociedad utilitarista con las relaciones sociales bloqueadas, en la que el espacio concreto posee necesariamente un carácter antisocial.

Esbozo de una cultura

El modelo social

El problema de saber de qué modo viviríamos en una sociedad que no conociera el hambre, ni la explotación, ni el trabajo, en una sociedad en la que todas las personas, sin excepción, pudieran dar rienda suelta a su creatividad, este problema inquietante, fundamental, despierta en nosotros la imagen de un entorno radicalmente distinto de todo lo que hemos conocido hasta ahora, de todo lo realizado hasta ahora en el campo de la arquitectura y el urbanismo. La historia de la humanidad no nos ofrece ningún precedente que nos sirva de ejemplo, puesto que las masas jamás han sido libres, es decir, libremente creativas. En cuanto a la creatividad, ¿qué ha significado, sino el rendimiento de las personas?

Ahora bien, supongamos que cualquier trabajo que no sea productivo pueda ser automatizado por completo; que la productividad aumenta hasta el punto de que en el mundo deja de haber penuria; que se socializan el suelo y los medios de producción y que, en consecuencia, se racionaliza la producción global; que, por consiguiente, las minorías dejan de ejercer su dominio sobre la mayoría; en otras palabras: supongamos que el reino marxista de la libertad es posible. Si esto fuese cierto, ya no podríamos plantearnos el mismo problema sin ensayar rápidamente una respuesta, e imaginar, aunque sólo sea de forma esquemática, un modelo social en el que la idea de libertad se convirtiese en la práctica real de la libertad, una "libertad" que, para nosotros, no consiste en la elección entre diversas alternativas, sino que es el desarrollo óptimo de las facultades creativas de todos los seres humanos. Puesto que no puede haber auténtica libertad sin creatividad.

Si agrupamos todas las formas de sociedad conocidas bajo un mismo denominador común, el "utilitarismo", el modelo que deberemos concebir será el de una sociedad "lúdica", entendiendo que este término designa aquellas actividades que, separadas de cualquier forma de utilidad y de cualquier forma de función, constituyen productos puros de la imaginación creadora. Ya que siendo creador, y sólo como creador, sucederá que el ser humano pueda realizarse y alcanzar su más elevado nivel existencial.

Si imaginamos una sociedad en la que todo el mundo es libre para crear su vida, para modelarla según sus aspiraciones más profundas, ya no tendremos necesidad de recurrir a las formas y a las imágenes de aquel largo período de la historia en el que el hombre tuvo que sacrificar la mayor parte de su energía creativa a una lucha sin tregua por sobrevivir. Nuestro modelo social será fundamentalmente distinto de los modelos precedentes. También será cualitativamente superior a ellos.

Empecemos por algunas condiciones previas:

– La automatización de todas las actividades "útiles" y repetitivas libera, al nivel de las masas, una energía que a partir de ahora podrá ser utilizada para otras actividades.

– La propiedad colectiva del suelo y de los medios de producción y la racionalización de la producción de bienes de consumo favorecen la transformación de dicha energía en actividad creativa.

– Al desaparecer el trabajo productivo, los horarios colectivos dejan de tener sentido. Por el contrario, las masas dispondrán de una cantidad considerable de tiempo libre.

– La independencia respecto al lugar de trabajo tiene como consecuencia la independencia respecto al hábitat, al lugar de residencia. La movilidad de cada individuo en el espacio se ve incrementada.

La red

Es evidente que una persona libre de disponer de su tiempo a lo largo de toda su vida, libre de ir adonde quiera y cuando quiera, no puede hacer demasiado uso de su libertad en un mundo pautado por el reloj y por el imperativo de un domicilio fijo. El *homo ludens* deberá exigir al marco de su vida, en primer lugar, que dé respuesta a su necesidad de juego, de aventura, de movilidad, y también a todas aquellas condiciones que le faciliten la libre creación de su propia vida. Hasta el momento la principal actividad del hombre ha sido la exploración de su medio natural. El *homo ludens* querrá transformar, recrear este medio, este mundo, de acuerdo con sus nuevas necesidades. Entonces, la exploración y la creación del entorno coincidirán, puesto que el *homo ludens*, al crear él mismo el dominio que va a explorar, se dedicará a explorar su propia creación. De ese modo asistiremos a un proceso ininterrumpido de creación y recreación, sostenido por una creatividad generalizada que se manifestará en todos los campos de la actividad.

Plano comparativo de Nueva Babilonia
y La Haya, 1964. Acuarela sobre fotografía.
© Contant Nieuwenhuys, Vegap, Barcelona 2008

Si partimos de esta libertad en el tiempo y el espacio, deberíamos llegar a una nueva forma de urbanización. La movilidad y la fluctuación incesante de la población, consecuencias lógicas de esta nueva libertad, dan lugar a una relación distinta entre lo urbano y el hábitat. Sin ningún horario que haya que respetar, sin domicilio fijo, el ser humano descubrirá necesariamente una vida nómada en un entorno artificial, completamente "construido". A este entorno lo llamamos "Nueva Babilonia", y debemos precisar que no tiene nada que ver, o casi nada que ver, con una "ciudad", en el sentido tradicional del término. La ciudad es una forma de urbanización característica de la sociedad utilitarista: en su origen fue una plaza fuerte, para protegerse contra un mundo exterior hostil. Más tarde se convierte, en tanto que centro mercantil, en una "ciudad abierta". Posteriormente, en la época de la mecanización, en un centro de producción. Y, en todas estas distintas fases, es el lugar donde reside una población estable, fijada ahí por una forma de vida singular. La regla tiene, claro está, sus excepciones: ciertas relaciones entre las ciudades permiten que un número restringido de personas cambien su lugar de residencia, de modo que se desencadena un proceso de aculturación, puesto que una de las ciudades adopta, además de su función utilitaria, la función de centro cultural. Ahora bien, este fenómeno es relativamente poco frecuente, y las personas implicadas no son muchas.

La cultura de Nueva Babilonia no es el resultado de diversas actividades aisladas o de situaciones excepcionales, sino de la actividad global de toda la población mundial, de modo que todos los seres humanos están implicados en una relación dinámica con el medio.

A priori, no hay nada que ate a las personas. La frecuencia de los desplazamientos de cada individuo y las distancias que va a recorrer dependerán de unas decisiones que él tomará espontáneamente, y a las que podrá renunciar también espontáneamente. Bajo estas condiciones, la movilidad social ofrece una imagen de conjunto caleidoscópica que sufre cambios repentinos, imprevistos, una imagen que ya no presenta ninguna similitud con las estructuras sociales de una vida comunitaria regida por el principio de utilidad y cuyos modelos de comportamiento son siempre los mismos. En nuestro caso, lo urbano debe dar respuesta a la movilidad social, y ello implica, en relación a la ciudad estable, una organización más rigurosa a gran escala y, al mismo tiempo, una mayor flexibilidad a pequeña escala, que es la escala de la complejidad infinita.

En cualquier circunstancia la libertad de creación exige que dependamos lo menos posible de las contingencias materiales. Así pues, dicha libertad presupone una vasta red de servicios colectivos, más solicitados por una población en movimiento que por las poblaciones estables de las ciudades funcionales. Por lo demás, la automatización lleva a una concentración masiva de la producción en unos centros gigantescos situados fuera del espacio de la vida cotidiana.

Los centros de producción del exterior y los equi-pamientos colectivos situados en el interior de este espacio determinan las líneas generales de una macroestructura en la que, bajo la influencia de unos movimientos indeterminados, se define una micro-estructura más diferenciada y necesariamente más flexible.

A partir de estas dos estructuras previas, de una organización optimizada de las condiciones materiales y de un máximo desarrollo del espíritu de iniciativa de cada individuo, se deducen los aspectos esenciales de una estructura que ya no está formada por nudos, como ocurre en el hábitat tradicional, sino que se organiza siguiendo el trazado de los recorridos, tanto individuales como colectivos, de la vida errante: una red de unidades vinculadas entre ellas, de modo que forman unas cadenas que pueden desarrollarse y extenderse en todas direcciones.

En el interior de dichas cadenas se encuentran los servicios y todo aquello que debe garantizar la orga-nización de la vida social. En las "mallas" de la red se encuentran las unidades de producción, completa-mente automatizadas, donde el hombre está ausente. Los elementos de base de la red, los *sectores*, son unidades de construcción autónoma que, sin embargo, se encuentran comunicadas entre ellas. La red del sector puede percibirse desde el interior como un espacio continuo.

Nueva Babilonia no se detiene en ninguna parte, puesto que la Tierra es redonda. No conoce fronteras, puesto que han dejado de existir las economías nacionales, ni colectividades, puesto que toda la humanidad es fluctuante. Cualquier lugar es accesible a todos y cada uno de los individuos. Toda la Tierra se convierte en la morada de los terrestres. Cada cual cambia de lugar cuando quiere, y va adonde quiere. La vida es un viaje sin fin a través de un mundo que se transforma con tanta rapidez que a cada instante parece distinto.

Realización

La construcción de Nueva Babilonia sólo podrá empezar en el momento en que la economía se oriente exclusivamente hacia la satisfacción de nuestras necesidades, en el sentido más amplio del término. Sólo una economía de este tipo permitirá la automatización total de las actividades no creativas y, por consiguiente, el libre desarrollo de la creatividad.

La realización de Nueva Babilonia será un lento proceso de crecimiento de un mundo sectorizado que sustituirá progresivamente a las estructuras urbanas preexistentes. En el inicio veremos cómo aparecen, entre las aglomeraciones, algunos sectores aislados que se convertirán en polos de atracción para dichas aglomeraciones, en la medida en que, al disminuir la duración del trabajo, el hábitat se irá desorganizando. En esta primera fase los sectores serán lugares de encuentro, algo así como unos centros socioculturales. Posteriormente, a medida que el número de sectores aumente y que los vínculos que los unen se multipliquen, la actividad en el interior de dichos sectores se irá singularizando y se volverá cada vez más autónoma en relación a las zonas de viviendas. En ese momento, una forma de vida neobabilónica empezará a definirse, y arrancará el vuelo cuando los sectores, reagrupados, formen una red, una estructura que pueda hacer la competencia a las estructuras del hábitat, cuyo significado se irá degradando a medida que el hombre vaya dejando de formar parte de los procesos de producción. Puesto que el mismo fenómeno se producirá simultáneamente en diversos lugares, podremos ver cómo distintos sectores se reagrupan, se unen y forman una totalidad. A partir de ese momento la fluctuación crecerá cada vez más.

En una primera fase, la lejanía entre los sectores y los grupos de sectores incrementará la demanda de unos medios rápidos de locomoción. Las zonas de viviendas entre uno y otro sector deberán cruzarse lo más deprisa posible. Más tarde, cuando el mundo sectorial se unifique y la fluctuación se intensifique, no habrá ninguna necesidad de desplazarse a gran velocidad cuando queramos cambiar de medio. La flexibilidad del espacio interior de los sectores permitirá múltiples variaciones del entorno y del ambiente en unas superficies relativamente pequeñas. En cuanto a los medios de transporte, dejarán de ser indispensables para los desplazamientos. Una nueva función vendrá a añadirse a su función inicial: dejarán de ser una herramienta de trabajo y se convertirán en los instrumentos de un juego.

Topografía
Debido a la amplitud y la continuidad del espacio social de la red sectorial, el espacio destinado a las circulaciones rápidas deja de coincidir con el marco de la vida de los neobabilonios. Dicho marco queda atravesado por un flujo lento y continuo, de modo que el desplazamiento no es más que una de las formas de actividad en el interior de los sectores. Ahora bien, es cierto que de vez en cuando desearemos circular con rapidez, por tierra en el caso de las distancias más cortas, o bien por vía aérea. Para el transporte aéreo pueden preverse, en las cubiertas-terrazas, unas pistas de aterrizaje para los aviones, así como helipuertos. En cuanto a la circulación rápida por tierra, habrá que prever una red de carreteras lo más independiente posible de la red de sectores. Unos trazados a distintos niveles garantizarán la autonomía de las redes y las vías. La mejor solución para separarse del suelo consiste en elevar los sectores por medio de unos pilotes que deberán estar tan distanciados como sea posible.

Una de las ventajas de esta construcción es que permite disponer de una serie ininterrumpida de cubiertas-terrazas. De ese modo se crea un segundo nivel al aire libre, un segundo paisaje artificial por encima del paisaje natural.

Debido a sus grandes dimensiones, el interior de los sectores depende del sistema de distribución de la energía necesaria para la iluminación, la ventilación y la climatización. Ahora bien, esta "dependencia" implica una liberación: la de la alternancia monótona del día y la noche, deseada por la humanidad desde las épocas más remotas.

El conjunto de Nueva Babilonia se presenta como una red de grandes mallas, la mayoría de las cuales se elevan por encima del suelo. Al nivel del suelo, una segunda red, la de las circulaciones. Las "mallas" son zonas casi siempre libres de cualquier tipo de construcción, con la excepción de los centros de producción y de aquellas instalaciones que no tienen cabida en el espacio social de los sectores, como por ejemplo las antenas emisoras y, tal vez, las torres de perforación, los monumentos históricos, los observatorios y otros equipamientos destinados a la investigación científica. Una parte de estas zonas libres se destina a las distintas explotaciones del suelo y al transporte vertical; otra parte, a las reservas naturales, los bosques y los parques. La estructura reticular facilita el acceso a ellas, puesto que las distancias que hay que recorrer en cada caso son relativamente pequeñas.

El relieve topográfico de Nueva Babilonia plantea unos problemas que no pueden ser resueltos con los instrumentos habituales de la cartografía. Por una parte, puesto que la organización se realiza en base a distintos niveles (suelo, interior del volumen sectorial, cubiertas-terrazas), las conexiones entre dichos niveles, el tipo de comunicaciones y las soluciones de continuidad que se generan, sólo pueden mostrarse por medio de una maqueta. Por otra parte, las estructuras no son, ni mucho menos, permanentes. En efecto, se trata de una microestructura en transformación constante, en la que el factor tiempo, la cuarta dimensión, juega un papel importante. Por consiguiente, la representación tridimensional sólo tendría el valor de una instantánea puesto que, incluso si aceptamos que el modelo de cada sector pueda reducirse a unas pocas plantas y secciones realizadas a varios niveles, y que de ese modo podemos llegar a componer una especie de atlas detallado de los sectores, todavía faltaría registrar a cada instante, por medio de notaciones simbólicas, al igual que un cuaderno de bitácora, todas las modificaciones topográficas que se van produciendo. Para resolver un problema tan complejo habría que recurrir sin duda a un ordenador.

El sector

El sector es el elemento más pequeño, la unidad de base de la red de Nueva Babilonia, uno de los "eslabones" de las cadenas que la forman. Como es de suponer, sus dimensiones son sensiblemente mayores que las dimensiones de los elementos (construcciones) que forman la composición de las ciudades, tal y como las conocemos. La escala de estos elementos depende de la trama de las relaciones sociales. En las comunidades rurales, en las que las relaciones humanas y los vínculos familiares están estrechamente imbricados, el elemento de base es la morada familiar independiente. En las ciudades industriales, dado el carácter social del trabajo productivo, se establecen unas relaciones (en la escuela, en los lugares de trabajo o de ocio, en las reuniones políticas o de otro tipo) que se añaden a los vínculos familiares. De ese modo, cada uno de los miembros de una familia se crea unos vínculos personales exteriores a su propia familia.

En estas condiciones, vemos cómo aparecen unas unidades de vivienda de mayor tamaño, unos bloques para varias familias, dotados en algunas ocasiones de servicios colectivos. Pero en estos casos, al igual que en las comunidades rurales, se trata de poblaciones sedentarias, con formas de vida regulares.

Cuando el grupo familiar se desintegra, y la división del tiempo y del espacio deja de estar condicionada socialmente por el trabajo productivo, cuando podemos ya decidir el lugar y la duración de nuestras estancias, los últimos vínculos acaban por romperse. Por tanto, las relaciones más o menos duraderas entre las personas no tienen por qué desaparecer, pero las relaciones sociales constrictivas habrán sido sustituidas por unos vínculos emocionales más variados, más cambiantes. La sociedad fluctuante favorece en mayor medida que las comunidades estables los contactos y los encuentros fortuitos.

El sector es una construcción de base (una macroestructura) en cuyo interior se construye un entorno. En tanto que soporte, dicha macroestructura debe dejar la máxima libertad a la construcción permanente (la microestructura) del espacio interior. En su forma más sencilla, el sector presenta diversos planos horizontales superpuestos, unidos entre ellos y al suelo por medio de elementos verticales, además de uno o varios nudos fijos para los servicios. Este espacio puede quedar ocupado por una estructura más compleja, resultante de la articulación de pequeños espacios variables. También podemos imaginar, como alternativa a la estructura portante, una estructura "flotante", un sector en suspensión, atado a uno o varios mástiles. La estructura autoportante, que es otra alternativa posible, exige un número restringido de puntos de apoyo, lo cual representa una ventaja. De todos modos, puesto que el módulo y las dimensiones de la microestructura dependen más directamente de la macroestructura, la organización del espacio interior ya no es tan libre. La elección de una u otra solución (un sector sobre pilotes, un sector en suspensión o un sector autoportante) también depende en cierta medida de la posición geográfica.

Así pues, la macroestructura sostiene una estructura interior móvil. Puesto que las dimensiones del sector son importantes, cualquier posible demolición o transformación de la estructura de base tendrá que ser necesariamente una operación de gran envergadura.

Ahora bien, la vida lúdica de los habitantes de Nueva Babilonia presupone transformaciones frecuentes en el interior de los sectores. Para que dichas transformaciones puedan producirse sin dificultades, haría falta que la estructura del contenedor fuese lo más neutra posible, y que la estructura contenida, que es variable, fuese, desde el punto de vista de la construcción, totalmente independiente de la primera.

La construcción variable es el resultado del ensamblaje de unos elementos móviles (tabiques, suelos, escaleras, mangas de ventilación, puentes, etc.) que sean fáciles de transportar gracias a su ligereza, y que puedan montarse y desmontarse con facilidad y, por tanto, que puedan ser reutilizados. Cualquier proyecto de ensamblaje exige la normalización del módulo y la estandarización de la producción. Las dimensiones de la macroestructura vienen determinadas por el módulo de los elementos estándar. Ahora bien, no se trata, por supuesto, de limitar las posibles combinaciones ni de simplificar las formas, ya que podemos llegar a combinar de muchas maneras una gran cantidad de tipos estándar y de sistemas de ensamblaje.

Con estos pocos datos podemos construirnos una primera imagen esquemática de lo que es un sector. Se trata de un esqueleto con una dominante horizontal, que se extiende hasta una superficie de diez o veinte hectáreas, a unos 15-20 metros por encima del suelo. Su altura total se sitúa entre los 30 y los 60 metros. En su interior, uno o varios nudos fijos agrupan un centro técnico y un centro de provisiones (servicios), que también funciona como centro hotelero de acogida, con habitaciones individuales. Algunos sectores están dotados de equipamientos sanitarios, escolares, de almacenaje y de distribución de artículos de uso corriente. Otros sectores están dotados de bibliotecas, centros de investigación científica y otros servicios de primera necesidad. Los nudos ocupan una parte del sector. La otra parte, la más importante de Nueva Babilonia, es un espacio social con articulaciones móviles: el territorio de acción del *homo ludens*.

Un volumen de la envergadura de un sector de Nueva Babilonia es más independiente del mundo exterior que un edificio construido a escala más pequeña. La luz del día, por ejemplo, sólo penetra en él algunos metros, de modo que gran parte del interior deberá estar iluminado artificialmente. La acumulación de calor solar y la pérdida de calor durante las estaciones frías se producen con tanta lentitud que los cambios de la temperatura ambiental apenas influyen en la temperatura interior. Todas las condiciones climáticas (la intensidad de la iluminación, la temperatura, el estado higrométrico, la ventilación) se encuentran bajo control técnico. Por tanto, en el interior es posible crear una variada gama de climas, que pueden ser modificados a voluntad. El clima se convierte en un elemento importante de los juegos ambientales, y ello en mayor medida si se tiene en cuenta que el dispositivo técnico es accesible a todo el mundo, y que la descentralización de la distribución permite cierta autonomía de un sector o de un grupo de sectores. Son preferibles diversas centrales pequeñas a una central única, ya que ello permite reproducir los climas más diversos y, por qué no, inventar unos climas nuevos que podrán oponerse entre ellos, cambiando de ese modo las estaciones y transformándolas con una combinatoria infinitamente variada, coordinada con las metamorfosis del espacio.

Los audiovisuales serán utilizados con el mismo espíritu. El mundo fluctuante de los sectores requiere la existencia de un equipo (una red emisora y receptora) que sea descentralizado y público. Gracias a la participación de numerosas personas en la emisión y la recepción de imágenes y sonidos, unas telecomunicaciones muy perfeccionadas se convertirán en un importante sistema auxiliar del comportamiento social lúdico.

Los neobabilonios

Creatividad y agresividad

Vagan a través de los sectores de Nueva Babilonia en busca de nuevas experiencias, de ambientes desconocidos hasta el momento, pero sin la pasividad de los turistas, sino plenamente conscientes de su poder para actuar sobre el mundo, para transformarlo, para recrearlo. Para ello disponen de todo un arsenal de instrumentos técnicos, gracias al cual pueden operar al instante el cambio deseado. Al igual que el pintor que crea, sólo con la ayuda de unos pocos colores, una variedad infinita de formas, de contrastes, de estilos, los neobabilonios pueden modificar incesantemente su entorno, renovarlo, recrearlo, empleando los instrumentos de la técnica. Esta comparación revela una diferencia esencial entre dos maneras de crear. El pintor es un creador solitario que sólo se ve confrontado con las reacciones de los demás cuando el acto creador ya ha sido consumado. Por el contrario, en los neobabilonios el acto creador es también un acto social. Es una intervención directa en lo social que suscita una respuesta inmediata. A los ojos de los demás, la creación individual del artista parece escapar a todas las constricciones y madurar en el aislamiento. Sólo más tarde, cuando la obra adquiere una realidad innegable, deberá enfrentarse a la sociedad. En cada instante de su actividad creativa, el neobabilonio está en contacto directo con sus semejantes. Todos sus actos son públicos, todos actúan en un medio que es también el medio de los demás, y suscita unas reacciones espontáneas. De ese modo cualquier acción pierde su carácter individual. Por otra parte, cada reacción puede provocar, a su vez, nuevas reacciones. De ese modo las intervenciones generan unas reacciones en cadena que sólo llegan a su fin cuando una situación que se ha vuelto crítica "explota" y se transforma en una situación nueva. Este proceso escapa al control de un único individuo, pero poco importa saber quién lo ha desencadenado y quién influirá sobre el mismo a continuación. En este sentido, el momento crítico (el clímax) es una auténtica creación colectiva. La medida de la trama espacio-tiempo del mundo neobabilónico viene dada por el ritmo que marca la sucesión de todos los momentos.

Desde el punto de vista del *homo faber*, Nueva Babilonia es un universo poco seguro, en el que el hombre "normal" está entregado a todas las fuerzas destructivas posibles, a todas las agresiones. Ahora bien, cabe señalar que la "normalidad" es un concepto vinculado a una práctica histórica determinada. Por tanto, su contenido es variable. Por lo que respecta a la "agresividad", el psicoanálisis le ha asignado una importancia considerable, hasta el extremo de definir un "instinto" de agresión. De ese modo el campo de estudio ha quedado reducido al hombre que lucha por su supervivencia, al ser humano entregado a un combate inmemorial que sigue librando, al igual que las demás especies.

La imagen de un hombre libre, que no tiene que luchar por su supervivencia, no tiene ningún fundamento histórico. También se ha postulado el instinto de autodefensa en tanto que instinto primordial del ser humano y de todos los seres vivos. Y todos los demás instintos han sido referidos a este instinto.

La agresividad es una manifestación de la voluntad de poder, que es intrínseca a un ser desarrollado superiormente, el hombre, capacitado para la previsión y que, en un mundo en el que su existencia se ve amenazada, puede disponer a tiempo, es decir, de acuerdo con un plan, un lugar seguro. Por este motivo la agresividad del hombre no desaparece con la satisfacción de sus necesidades materiales inmediatas. En apariencia, en los países "ricos", en los más industrializados, el comportamiento agresivo disminuye en menor medida, sobre todo entre la clase dominante. Para explicar esta contradicción aparente entre la seguridad material y la persistencia de la agresividad, tal vez deberíamos aceptar la existencia de un "instinto" diferente del instinto de autodefensa: el instinto creador, que surge con la sublimación del instinto primordial cuando las condiciones materiales son lo bastante favorables como para que la autodefensa se transforme en espontaneidad abierta.

La imposibilidad objetiva de materializar una vida creativa en la sociedad utilitarista, que se basa en la supresión de la creatividad pero que, sin embargo, reúne todas las condiciones favorables para su expansión, nos permite entender por qué la agresividad ha quedado separada de la lucha-por-la-supervivencia. En la sociedad actual, la propia clase dominante no puede actuar de forma creativa, y podemos entender fácilmente que dicha clase se sienta más frustrada que las masas, que no poseen nada, pero que luchan por su futura libertad. Si el objetivo es la transformación de la sociedad, la herramienta de combate es la creación.

El instinto creador

Si especulamos sobre el posible advenimiento de una sociedad lúdica, podemos presuponer, al principio, que cualquier ser humano siente la necesidad latente de manifestar su creatividad, y que dicha necesidad surge con la sublimación de las formas instintivas primarias. Dicha necesidad no queda saciada en nuestra sociedad estática, en la que la realización por medio de la creación sólo puede ser potencial. Toda educación que prepara al futuro adulto para lo que será su tarea "útil" en la sociedad tiende a rechazar el instinto creador. Ahora bien, ocurre a menudo que la "utilidad" desaparece con el rápido desarrollo de la tecnología, incluso antes de que el niño llegue al final de sus estudios. En estas condiciones, la "educación" sólo puede jugar un papel negativo, de represión de cualquier forma de creatividad espontánea. De no ser así, el adulto sería más creativo que el niño, cuando en realidad ocurre lo contrario.

Ahora bien, ¿podemos concebir una educación dirigida al desarrollo de la creatividad? Podemos dudar de ello, y preguntarnos si cualquier forma de educación, o lo que entendemos por educación, no es limitativa, si su función principal no consiste en restringir la libertad, que es la condición fundamental de la creatividad. La única educación que es favorable a la creación es aquélla que elimina las trabas para el desarrollo de la creatividad. Pero el *homo ludens* prescinde de la educación. Él aprende jugando.

Quienes no pueden adaptarse a las estructuras de la sociedad utilitarista se condenan a sí mismos al aislamiento. Son los "a-sociales", una palabra que a veces es sinónima de "criminal". La "criminalidad" presupone la transgresión de las relaciones sociales instituidas, lo que explica las distintas interpretaciones de que ha sido objeto. La fechoría, el "acto criminal", perturba el orden de dichas relaciones, y la sociedad reacciona eliminando al culpable. Desde una óptica completamente distinta, cuando consideramos el "acto criminal" como la expresión de una voluntad de poder frustrada, y si aceptamos que la voluntad de poder, sublimada, se transforma en creatividad, el "crimen" no es más que una tentativa desprovista de creación. La actitud del criminal frente a la realidad no es más pasiva que la del artista, puesto que también él interviene en una situación determinada. Ahora bien, si el acto creador reúne la destrucción y la construcción, equilibrándolas, el criminal, por su parte, pone por delante la destrucción. Por el contrario, la intervención del artista atestigua, por lo menos en lo que respecta a una sociedad utilitarista, un comportamiento "a-social", cuyo resultado apenas se distingue del crimen.

En Nueva Babilonia, donde nadie respeta ningún "orden", la vida comunitaria adquiere forma en la dinámica de unas situaciones que cambian constantemente. Dicha dinámica activa aquellas fuerzas que en la sociedad utilitarista están reprimidas o, como máximo, son toleradas. Por este motivo resulta inconcebible que una vida como la de Nueva Babilonia pueda imponerse en la sociedad actual, aunque sea por poco tiempo. Cuando las convenciones sociales dejan de respetarse, como ocurre durante el Carnaval, la creatividad no aumenta, pero sí la agresividad, una agresividad directamente proporcional a la presión ejercida por la sociedad sobre la creatividad.

En Nueva Babilonia, cualquier motivo de agresividad ha sido eliminado. Las condiciones de vida favorecen la sublimación, y la actividad se convierte en creación. Esta forma superior de existencia sólo es posible en un mundo completamente libre, en el que el ser humano ya no tiene que luchar para mantenerse a un determinado nivel y concentra toda su actividad en la creación constante de su propia vida, que él mismo eleva a un nivel cada vez más alto.

La sociedad lúdica

La lucha por la supervivencia ha dividido a la humanidad en diversos grupos con unos intereses a menudo contrapuestos, y siempre opuestos a la idea de unirse para formar grupos más grandes, más difíciles de defender. La prolongada división en razas, tribus, naciones, clases sociales, se explica igualmente por las condiciones históricas de dicha lucha. En una sociedad en la que deja de existir la lucha por la supervivencia, la competencia desaparece, tanto al nivel del individuo como al nivel del grupo. Las barreras y las fronteras también desaparecen. Queda abierta la vía a la mezcla de poblaciones, lo que lleva a la desaparición de las diferencias raciales y a la fusión de las poblaciones en una nueva raza, la raza mundial de los neobabilonios.

El neobabilonio dispone de una libertad de acción absoluta, pero dicha libertad sólo se materializa en el contexto de unas relaciones de reciprocidad con *todos* sus semejantes. En la sociedad lúdica, basada en una comunidad de intereses de todos los seres humanos, dejan de existir aquel tipo de conflictos, individuales o colectivos, que caracterizan a la sociedad utilitarista. En este contexto, los conflictos de intereses, la competencia y la explotación son nociones vacías de contenido. La comunidad neobabilónica abarca la totalidad de los habitantes de Nueva Babilonia, y su actividad simultánea crea una nueva cultura colectiva.

Incluso cuando recorre grandes distancias, el *homo faber* se mueve en un espacio social limitado por la obligación de regresar a un domicilio fijo. Está "atado a la tierra". Sus relaciones sociales definen su espacio social, que incluye su morada, su lugar de trabajo, la morada de su familia y de sus amigos. Por el contrario, el neobabilonio escapa a estos vínculos constrictivos. Su espacio social no tiene límites. Puesto que ha dejado de estar "enraizado", puede circular con total libertad, con tanta mayor libertad si se tiene en cuenta que el espacio que atraviesa cambia constantemente de forma y de atmósfera y que, por ello mismo, cada vez es distinto. La movilidad, así como la desorientación que provoca, favorecen los contactos entre las personas. Los vínculos pueden estrecharse o relajarse sin ninguna dificultad, lo que permite una apertura absoluta en las relaciones sociales.

Sobre algunos elementos de la cultura neobabilónica

Lo más esencial de la cultura neobabilónica es el juego con los elementos que forman el entorno. Dicho juego es posible gracias al control técnico integral de todos los elementos, un control que, de ese modo, se convierte en una creación consciente del entorno.

Los componentes del entorno son muchos, y de características muy distintas. Para imaginarlos en su diversidad deberíamos empezar por distinguir algunos grupos, partiendo de dos criterios distintos: un criterio objetivo y un criterio subjetivo. El primer criterio nos permite definir:

a. Los elementos de construcción del espacio, que determinan su apariencia y son objeto de una planificación previa. Podemos agruparlos dentro de la categoría de los "elementos arquitectónicos" (ejemplos: la forma y las dimensiones del espacio; los materiales constructivos; su estructura; sus colores).

b. Los elementos que definen la cualidad del espacio. Son más maleables y no pueden planificarse al mismo nivel. Son las "condiciones climáticas" (temperatura, humedad, atmósfera, etc.).

c. Los elementos que, sin definir la cualidad del espacio, influyen en la percepción del mismo. Su utilización es aleatoria y su efecto es de corta duración. Son los "elementos psicológicos" (ejemplos: los movimientos; beber y comer; el uso de la comunicación, sea verbal o de otro tipo, etc.).

Otra clasificación, que sigue criterios más subjetivos, reparte los elementos del entorno en función de la influencia que ejercen sobre nosotros. Así, pueden distinguirse los elementos visuales, sonoros, táctiles, olfativos y gustativos.

Ahora bien, sea cual sea el criterio, resulta difícil aislar un elemento, separarlo de los demás. Y muchos elementos importantes pueden formar parte de varias categorías distintas. Así, entre los elementos elegidos según el primer criterio, la estructura del espacio está vinculada tanto a las condiciones climáticas como a los movimientos en el espacio. El placer que experimentamos al beber y al comer varía según el clima de cada espacio.

En cuanto al segundo criterio, nos permite descubrir asociaciones todavía más complejas. Una estructura, por ejemplo, puede ser percibida por medio de la vista y por medio del tacto. También el lenguaje va dirigido al oído y a la vista. Los alimentos y las bebidas van dirigidos al gusto, pero también al olfato, a la vista, al tacto. A todos estos elementos habría que añadir muchos más, que actúan en relación recíproca entre ellos, en estrecha interdependencia. El análisis por disociación sólo puede justificarse desde el punto de vista del control técnico. Puesto que somos sensibles a un entorno, a una atmósfera, no pensamos en distinguir los elementos que forman dicho entorno o dicha atmósfera, como tampoco disociamos, cuando contemplamos un cuadro, los distintos materiales empleados por el pintor.

El comportamiento
Sabemos que nuestro comportamiento está muy influenciado por los elementos ambientales. En psiquiatría, a la manipulación de dichos elementos se le suele llamar "lavado de cerebro". En Nueva Babilonia,

donde cada individuo puede disponer con absoluta libertad de los dispositivos técnicos y puede participar activamente en la organización colectiva del espacio, dichos elementos no pueden ser elegidos en función de un objetivo preestablecido, puesto que en cualquier momento una iniciativa puede ser modificada por iniciativas distintas, si no contrarias.

Si el neobabilonio puede transformar el entorno y el ambiente gracias al material técnico disponible, si con ello puede influenciar temporalmente el comportamiento de los demás, a su vez él mismo recibe su influencia. En ningún caso el efecto de sus intervenciones tiene una duración prolongada, puesto que cada intervención es una provocación que no puede quedar sin respuesta.

Se podría hacer una objeción, a saber: que, puesto que la creatividad no es la misma para todo el mundo, la influencia de los individuos más activos, más dotados, será mayor que la de los individuos menos enérgicos, con una inventiva menor. Ahora bien, esta objeción es típica de una mentalidad utilitarista, que ve en la superioridad de la inteligencia y de la energía el medio más seguro para acceder al poder. En una cultura colectiva, el acto individual se confunde con la actividad social general. No puede quedar aislado, y el resultado no lleva su marca. Una cultura colectiva es una cultura de composición, es el producto de una interdependencia estrecha y orgánica de todas las actividades creativas. Una cultura colectiva es lo opuesto a la cultura de la competitividad que nosotros conocemos, que toma como unidad de medida de cualquier actividad la superioridad absoluta del más fuerte, del "genio", lo que da como resultado un derroche inaudito de las fuerzas creativas.

Así pues, imaginemos que una cantidad x de personas se encuentran, en un momento dado, en el interior de uno de estos sectores. Imaginemos que dicho sector está dividido en diversos espacios de dimensiones, formas y atmósferas distintas. Imaginemos que cada uno de estos espacios está en proceso de transformación: se construye, se destruye, se monta, se desmonta... Imaginemos que todas las personas presentes participan activamente en esta actividad incesante, y que cada individuo puede circular libremente de un espacio a otro. Imaginemos que el sector es atravesado constantemente de un extremo a otro por personas que acaban de llegar y por quienes, tras haber vivido durante un tiempo en el sector, lo abandonan. Esta complejidad en movimiento de las condiciones espaciales y de la composición de la "población" es la que rige la cultura neobabilónica.

Los sectores cambian constantemente de forma y de atmósfera en función de las actividades que se desarrollan en ellos. Nadie puede volver atrás, regresar al lugar que acaba de dejar, a la imagen que había guardado en su memoria. Nadie cae en la trampa de los hábitos.

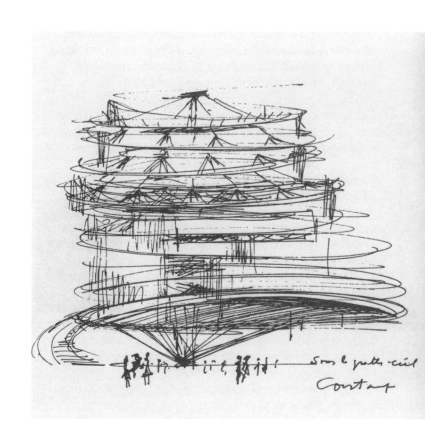

Bajo el rascacielos. Tinta sobre papel.

En la sociedad utilitarista, que otorga preferencia a una forma de vida estática, los hábitos, cuya totalidad constituye un "modelo de comportamiento" social, son otros tantos automatismos. Ahora bien, el dinamismo de una vida dedicada a la creación permanente excluye cualquier forma de automatismo.

Del mismo modo que un artista no quiere y no puede repetir una de sus obras, el neobabilonio que crea su vida no puede adoptar un comportamiento repetitivo.

El laberinto dinámico
Si en la sociedad utilitarista se busca por todos los medios una orientación óptima en el espacio, como garantía de eficacia y de ahorro de tiempo, en Nueva Babilonia se otorga más importancia a la desorientación, que favorece la aventura, el juego, el cambio creativo. El espacio de Nueva Babilonia posee todas las características de un espacio laberíntico, en cuyo interior los movimientos dejan de sufrir las constricciones de una organización espacial o temporal. La forma laberíntica del espacio social neobabilónico es una expresión directa de la independencia social.

El ambiente de un entorno, al poseer ciertas características plásticas y acústicas propias, depende de las personas que se encuentran en él. Una persona sola puede sufrir dicho ambiente de forma pasiva, o bien cambiarlo en función de su estado anímico del momento.

Ahora bien, con la entrada de una segunda persona
se deja notar una nueva influencia, y la interacción
de ambas influencias excluye cualquier forma de
pasividad. Las cualidades de un entorno y de su
ambiente ya no dependen únicamente de los datos
materiales, sino del modo como son percibidas, apre-
ciadas y utilizadas, de la "nueva mirada" proyectada
sobre las mismas. Y cuando una tercera persona y
una cuarta persona se unen a las dos primeras, la
situación se vuelve más compleja y escapa al control
de cada una de las personas presentes. A medida
que el número de visitantes aumenta y que la composición del grupo cambia, la complejidad se incrementa,
al mismo tiempo que decrece la influencia individual
sobre el espacio. El uso colectivo del espacio conlleva
un cambio cualitativo, puesto que tiende a reducir
la pasividad. La actividad de los ocupantes de un
espacio forma parte integrante de un ambiente que
deja de ser estático y se vuelve dinámico. En un
espacio social en el que la cantidad de personas
presentes cambia constantemente, al igual que las
relaciones entre dichas personas, cada una de ellas
y todas en su conjunto se ven inducidas a cambiar
su ambiente personal. Todas estas pulsiones, actuando
a la vez, constituyen una fuerza que actúa efectiva-
mente sobre la ordenación del espacio y, en Nueva
Babilonia, donde el espacio es público, dicha fuerza
actúa constantemente. Así, la totalidad del espacio
quedará sometida a las influencias más imprevisibles,
y podemos imaginar que un proceso similar puede

desarrollarse simultáneamente, bajo formas infinitamente diversas, en numerosos espacios, cuya cantidad
puede ser tan variable como los vínculos que se
generan entre ellos. De ese modo se obtiene la imagen
de un espacio social inmenso, que en todo momento
es distinto de sí mismo: un laberinto dinámico, en el
sentido más amplio de la expresión.

Tecnología
La tecnología es el instrumento indispensable para la
realización de un colectivismo experimental. El deseo
de dominar la naturaleza sin la ayuda de la técnica es
pura ficción, del mismo modo que es pura ficción una
creación colectiva sin unos medios de comunicación
adecuados. Unos medios audiovisuales renovados,
reinventados, constituyen una ayuda indispensable.
En una comunidad fluctuante, sin un punto fijo, sólo
es posible mantener los contactos por medio de unas
telecomunicaciones intensivas. Cada sector estará
dotado de un equipo de alta tecnología, accesible a
todo el mundo, y cabe señalar que su utilización jamás
será estrictamente funcional. En Nueva Babilonia
la climatización no sólo sirve para recrear, como
ocurre en la sociedad utilitarista, un clima "ideal",
sino también para variar el ambiente en la medida
de lo posible. En cuanto a las telecomunicaciones,
no sirven solamente, o principalmente, para los
intereses de orden práctico. También están al servicio
de las actividades lúdicas, constituyen otra forma
más de juego.

Para entenderlo mejor, tomemos el ejemplo de un café de barrio, un café tranquilo, cuya atmósfera se anima de repente cuando alguien que acaba de entrar echa una moneda en la máquina tragaperras. En Nueva Babilonia cada individuo puede, a cada instante, esté donde esté, cambiar el ambiente mediante la regulación del volumen sonoro, de la intensidad luminosa, del ambiente olfativo, de la temperatura. Si un grupo poco numeroso entra en un espacio, la ordenación de dicho espacio puede cambiar. Si se articulan diversos espacios pequeños se puede crear un espacio de dimensiones mayores, o a la inversa. También es posible cambiar la forma de un espacio colocando unos accesos nuevos, o bien bloqueando los existentes; poniendo o quitando escaleras, puentes, escaleras de mano, rampas, etc. Con un esfuerzo mínimo, es posible realizar todas las modificaciones que se deseen. Además, disponemos de una variada gama de cerramientos, con materiales, texturas y colores distintos, y distintos también en sus cualidades termoacústicas. También las escaleras, los puentes y las canalizaciones tienen una construcción y una forma distintas. Por medio de la combinación de superficies irregulares difícilmente practicables, de rampas lisas, de pasos estrechos, de ángulos agudos, etc., ciertos espacios se vuelven selectivos. Eso es lo que ocurre en aquellos espacios a los que se accede escalando por una escalera de cuerda o por un mástil, y que son los lugares preferidos de los niños y los jóvenes. Los sectores marginales, que pasan por el flanco de una montaña o a lo largo de una costa, y que, debido a su emplazamiento, son menos frecuentados, serán elegidos preferentemente por los ancianos y los enfermos.

Los sectores deben ser lo más independientes posible desde el punto de vista de su construcción y del equipo técnico. Esto es muy importante, puesto que cualquier sector debe poder ser reconstruido sin causar daños a los sectores vecinos, a los que está unido por medio de puentes móviles. Las grandes centrales de energía, eléctricas o nucleares, que alimentan los sectores, se encuentran, por supuesto, lo más lejos posible de la red.

La intensificación del espacio

En Nueva Babilonia, donde el carácter y la estructura del espacio cambian con frecuencia, se hará un uso más intensivo del espacio global. La amplitud del espacio social y de la actividad social en el espacio tiene una doble consecuencia: el espacio de uso individual es de mayor tamaño que en una sociedad formada por poblaciones sedentarias. Ahora bien, ya no queda espacio vacante, espacio inutilizado ni siquiera por poco tiempo y, puesto que se hace de él un uso creativo, su aspecto puede cambiar muchísimas veces, del mismo modo que una superficie relativamente pequeña ofrece tantas variaciones como un viaje alrededor del mundo. La distancia recorrida o la velocidad ya no dan la medida de los desplazamientos, y el espacio, vivido con mayor intensidad, parece dilatarse. Ahora bien, esta intensificación del espacio sólo es posible gracias a la utilización creativa de los medios técnicos, una utilización que nosotros, que vivimos en una sociedad en la que todos sus usos tienen una finalidad, apenas podemos imaginar.

Lograr vivir nuestra propia vida significa crearla y re-crearla sin cesar. El hombre sólo podrá tener una vida a su medida si la crea él mismo. Cuando la lucha por la supervivencia no sea más que un recuerdo, el hombre podrá, por primera vez en la historia, disponer libremente de la duración de su vida. El hombre podrá, con toda libertad, dar a su existencia la forma de sus deseos. En vez de permanecer pasivo ante

un mundo en el que se conforma con adaptarse,
para bien o para mal, a las circunstancias exteriores,
deseará crear otro mundo en el que conquistará su
libertad. Para que pueda crear su propia vida le hace
falta crear este mundo. Y esta creación, al igual que
la otra, consiste en una sucesión ininterrumpida
de re-creaciones. Nueva Babilonia es obra tan sólo
de los neobabilonios, el producto de su cultura.
Para nosotros no es más que un modelo para la
reflexión y el juego.

Descripción de la zona amarilla

Esta manzana, situada en el linde de la ciudad, debe su nombre al color de gran parte de su suelo, especialmente de la segunda planta de la parte este. Esta particularidad incrementa la atmósfera más bien alegre que hace que la manzana se preste fácilmente a su adaptación como zona de juegos. Los distintos niveles —tres en la parte este, dos en la parte oeste— se sostienen por medio de una construcción metálica separada del terreno. Para la estructura portante de las losas y de los edificios del interior se ha utilizado el titanio. Para los pavimentos y los revestimientos de los tabiques y cerramientos se ha utilizado el nailon. La ligereza de esta construcción permite no sólo un empleo mínimo de soportes, sino que también favorece una gran flexibilidad en la disposición de las distintas partes, así como la supresión total de los volúmenes. La construcción metálica puede considerarse como la base para la disposición de unos elementos-tipo móviles, intercambiables, desmontables, que favorecen una variación constante del escenario. La siguiente descripción se limitará al marco general de la disposición. La formación a base de niveles superpuestos implica que la mayor parte de la superficie debe iluminarse y climatizarse artificialmente. Sin embargo, de ningún modo se ha intentado imitar las condiciones naturales sino que, por el contrario, se ha sacado provecho de esta circunstancia, creando unas condiciones climatológicas y unas formas de iluminación nuevas. Ello forma parte integrante de los juegos ambientales, que constituyen una de las atracciones de la zona amarilla. Por lo demás, cabe señalar que en algunos lugares se pasa repentinamente a las zonas al aire libre.

Se puede llegar a esta parte de la ciudad por vía aérea, puesto que la terraza dispone de pistas de aterrizaje, o bien, al nivel del terreno, en automóvil. También se puede llegar por medio de un tren subterráneo, según las distancias que haya que recorrer. En el nivel del suelo, cruzado en todas direcciones por autopistas, no hay ningún edificio, a excepción de algunos pilotes que sostienen la construcción, y de un edificio cilíndrico, de seis plantas, que sostiene la parte en voladizo de la terraza. Estos soportes, en torno a los cuales se han previsto unos terrenos destinados al estacionamiento de los medios de transporte, contienen los ascensores que llevan a los distintos niveles de la ciudad, o bien a los niveles subterráneos. El edificio que contiene los servicios técnicos está separado del resto de la manzana, y sólo es accesible desde la terraza o desde la planta baja. El resto está comunicado interiormente en su totalidad y forma un gran espacio común, a excepción de dos edificios situados en la periferia de la ciudad, que contienen viviendas. Entre estos dos edificios de viviendas, cuyas ventanas se abren al paisaje, se encuentra, en la esquina nordeste de la ciudad y sobrepasando la terraza superior, el gran vestíbulo de llegada, una construcción metálica cubierta con plancha de aluminio, con una forma bastante libre, cuyas dos plantas contienen la estación

de viajeros y los almacenes de distribución de mer-
cancías. Este vestíbulo se encuentra al aire libre,
mientras que el interior de la manzana propiamente
dicha está cubierto en su totalidad.

La parte este está dividida verticalmente en dos niveles
cubiertos, además de la parte de la terraza donde se
encuentra el aeródromo. Unos cerramientos móviles
permiten disponer en cada nivel de numerosas salas
comunicadas entre ellas horizontalmente, pero también
verticalmente, por medio de escaleras, cuyos ambientes
variados son modificados constantemente por equipos
de situacionistas en coordinación con los servicios
técnicos. Se practican, sobre todo, juegos intelectuales.

La parte oeste parece, a primera vista, más complicada.
Ahí podemos encontrar la gran casa-laberinto, así
como la pequeña, que retoman y desarrollan el viejo
potencial de la confusión arquitectónica: los juegos
acuáticos, el circo, el gran salón de baile, la plaza
blanca, sobre la cual está colgada la plaza verde, que
goza de una espléndida vista sobre el tráfico de las
autopistas que pasan por debajo.

Las dos casas-laberinto están formadas por numerosas
estancias de forma irregular, escaleras de caracol, rin-
cones perdidos, terrenos indeterminados, callejones sin
salida. Se recorren todos estos lugares en busca de
aventuras. Podemos ir a parar a la sala sorda, revestida
de material aislante; la sala chillona, con colores vivos

y sonidos ensordecedores; la sala de los ecos (juegos de emisoras radiofónicas); la sala de las imágenes (juegos cinematográficos); la sala de la reflexión (juegos de influencias psicológicas); la sala de los juegos eróticos; la sala del descanso; la sala de las coincidencias, etc. Una estancia de larga duración en estas casas produce el efecto benéfico de un lavado de cerebro, y dichas estancias se practican con frecuencia para borrar aquellos hábitos que están a punto de surgir.

Los juegos acuáticos se encuentran entre estas dos casas, al aire libre, puesto que la terraza superior tiene una abertura en este punto que permite ver el cielo. Los chorros de agua y las fuentes se mezclan con las empalizadas y otras construcciones de formas extrañas, entre ellas una cueva de cristal con calefacción donde uno puede bañarse en pleno invierno, mientras contempla las estrellas.

Si tomamos el pasaje K, que en vez de ventanas tiene unas grandes lentes ópticas que engrandecen enormemente la visión sobre la manzana vecina, llegamos a la gran sala de baile. También podemos pasar por las terrazas que hay alrededor de los juegos acuáticos, colgadas sobre la plaza blanca, visible en la parte inferior y en la cual tienen lugar las manifestaciones. Dichas terrazas también dan acceso a la plaza verde, situada en el nivel inferior. Si bajamos desde esta plaza, nos encontramos con los vehículos públicos que nos llevarán a otros barrios.

Autoentrevista a propósito de Nueva Babilonia

Siempre has afirmado que Nueva Babilonia jamás podrá ser una realidad en la sociedad actual y que, en las condiciones sociales existentes, tu proyecto no funcionaría de ningún modo. Así pues, se trata de un proyecto utópico. Dicho esto, debo señalar que, desde hace más de doce años te estás ocupando de este proyecto, como si te estuvieras desviando de los problemas del hombre actual, como si huyeses de ellos. En vez de refugiarse en una cultura que él inventa partiendo de cero, el artista, en mi opinión, debería buscar una expresión artística para la cultura de la que forma parte.

Por desgracia, esta alternativa no existe. No veo en la actualidad ninguna cultura de la que uno pueda formar parte, y éste es precisamente el motivo por el cual he elegido la vía de Nueva Babilonia. No podemos elegir entre la cultura existente y otra cultura, digamos, pos-revolucionaria, que está todavía por inventar. La elección real se dirime entre el abandono absoluto de cualquier actividad creativa y la preparación de una cultura futura, deseable, aunque todavía no pueda hacerse realidad. Es cierto que debemos creer en el éxito de la revolución para elegir esta segunda opción.

En tanto que protesta contra la sociedad actual, lo que hacen otros artistas (desvío del arte, manifestaciones de "artores", ocupación de museos) me parece más eficaz que la creación de la imagen de una sociedad futura, que corre el riesgo de ser idealizada.

El hecho de que nadie parezca sorprenderse demuestra más bien la falta de eficacia de este tipo de manifestaciones. No es el abandono del espíritu creativo lo que amenaza a la sociedad burguesa, sino este espíritu en sí mismo. La no participación puede ser honesta, pero ciertamente no es eficaz. Para transformar la sociedad hace falta, ante todo, imaginación.

Lo que dices me parece incoherente. Si censuras cualquier forma de actividad artística moderna, ¿cómo puedes pretender erigirte en defensor de la creatividad? ¿En virtud de qué principio sustituyes el arte por Nueva Babilonia?

El arte no es más que una forma histórica de la creatividad. Dicha forma es típica de eso que yo llamo "sociedad utilitarista", una sociedad en la que la casi totalidad de la humanidad se ve obligada a producir para sobrevivir. En la sociedad utilitarista la esclavitud de las masas trabajadoras es la condición misma de la libertad relativa del individuo creador. Si algún día el enorme potencial creativo de las masas despierta y se pone en marcha, eso que hoy llamamos "arte" perderá todo su significado.

Es muy posible que el futuro asista a la realización de una cultura de masas. Ahora bien, ¿cómo podemos reconocer hoy día la forma que dicha cultura de masas adoptará mañana? Con Nueva Babilonia, ¿no corres el riesgo de dictar a las masas un comportamiento que en realidad ellas deberían inventar por sí mismas?

Al parecer crees que, una vez establecida una cultura de masas, su comportamiento quedará reglamentado para siempre, del mismo modo que las fuerzas represivas del pasado o del presente han querido y han intentado hacerlo. Pero en realidad ocurre todo lo contrario: la creatividad de las masas liberadas prohibirá cualquier forma fija de comportamiento. La vida lúdica, que es la vida en Nueva Babilonia, se desarrollará a través de un cambio constante de comportamiento. El proyecto afronta tan sólo la creación de unas condiciones materiales que puedan garantizar un despliegue libre de las actividades lúdicas. La planificación, tal como la conocemos, se revelará como algo caduco. A partir de ahora hay que estudiar otra planificación que permita desarrollar el escenario de la libertad.

De acuerdo, pero, ¿cómo podemos conocer ya ahora dichas condiciones? Tus planos y tus maquetas sugieren la idea de un mundo tecnocrático, en el que sólo la escala ya produce miedo. ¿No es cierto que el hombre del futuro tendrá necesidad de un entorno menos artificial, más vinculado a la naturaleza?

El miedo a la tecnología es reaccionario. La liberación de las masas sólo es posible gracias al desarrollo técnico. Sin la automatización de la producción, el potencial creativo de las masas se queda en una ilusión. En Nueva Babilonia la tecnología es una condición sine qua non. Además, creo que la naturaleza ya no nos podrá ofrecer el escenario satisfactorio para la expansión cultural del mundo futuro.

Pero si el comportamiento futuro de las masas y el escenario artificial que debe favorecerlo son dos factores imposibles de conocer, ¿de qué sirve ofrecer, como haces tú, unas imágenes o unas ilustraciones de la vida en Nueva Babilonia?
Mi proyecto es útil, sobre todo, como provocación. Las ciudades, tal como las conocemos, jamás podrán convertirse en espacios para la vida lúdica de las masas. Para crear dichos espacios en un período pos-revolucionario nos hará falta un nuevo principio de urbanización basado en la socialización del suelo y de los medios de producción. En Nueva Babilonia, lo esencial es su principio urbanístico.

La estructura de Nueva Babilonia es una red, mientras que las ciudades existentes son centralizadoras. Esta diferencia, ¿es realmente esencial cuando nos referimos a una vida lúdica?
Gracias a la automatización de los medios de producción, el hombre dejará de ser un productor. Ya no se verá obligado a quedarse en un lugar fijo, a ser un

sedentario. Su vida podrá volver a ser una vida nómada, como lo fue antes del neolítico. Con independencia de la naturaleza, podrá crear voluntariamente su entorno. La red de Nueva Babilonia representa la traza de su paso por la superficie de la Tierra. En los planos es posible distinguir claramente los trazados urbanizados y el paisaje natural o artificial dividido por dichos trazados.

De todos modos, ¡nadie puede pasarse así toda la vida, siguiendo estas trazas! Todo el mundo tiene necesidad de concentrarse en una actividad cualquiera, de conservar los bienes adquiridos o fabricados. Incluso los nómadas...
Si los hombres conservan unos bienes y se los llevan con ellos cuando se desplazan, es porque dichos bienes son difíciles de adquirir o de sustituir. Nadie transporta lo que encuentra en cualquier parte de forma abundante. Por tanto, el problema consiste en saber si será posible producir de forma abundante unos bienes que el hombre necesita para vivir convenientemente en todos los lugares a los que quiera ir. ¿Es una utopía afirmar que las condiciones para esta abundancia ya se están dando, siempre que se racionalice la producción, algo que sólo es posible en el caso de una economía socializada?

Pero mi principal objeción es otra: todo el mundo tiene de vez en cuando la necesidad de estar solo, de aislarse para hacer el amor, para descansar, o si está enfermo. Estar desplazándose constantemente es imposible e insoportable. Tú te refieres a las masas, pero dichas masas están formadas por hombres distintos entre ellos, con unas necesidades diferenciadas. Nueva Babilonia no ofrece ninguna posibilidad para el aislamiento individual. Es cierto que la sociedad actual nos obliga a aislarnos, nos impone la soledad por falta de comunicación. Ahora bien, la comunicación es la primera condición de la creatividad. En la actualidad, el espacio social de los individuos se encuentra extremadamente limitado y no mantiene ninguna relación con el espacio real. En Nueva Babilonia estas dos nociones del espacio quedan satisfechas gracias a las fluctuaciones de la población. Tú ves el origen de un problema allí donde yo sólo veo la solución de dicho problema. Es evidente que el aislamiento temporal del individuo puede realizarse fácilmente, tanto en Nueva Babilonia como en cualquier otro sistema de urbanización.

Así pues, en Nueva Babilonia la mayor parte del espacio urbano está destinado al uso colectivo, en tanto que espacio social. Ahora bien, ¿qué relación mantiene este espacio con una cultura de masas? ¿No habría que temer que todos estos contactos efímeros entre los individuos frenen la creatividad, más que estimularla?

En la estructura social actual cada individuo se encuentra en una situación de competencia constante con todos los demás. La consecuencia de ello es una pérdida considerable de capacidad creativa. Por el contrario, en una colectividad dinámica, la composición de todas las fuerzas creativas ofrecerá al propio individuo un material inagotable de inspiración. Sin duda, el acto individual se perderá, pero el resultado será una actividad infinitamente más rica y más variada. Se trata de un proceso que supera en gran medida las capacidades del individuo solitario, y que le permitirá alcanzar un nivel más elevado que su nivel personal.

No obstante, este fenómeno, ¿no podría tener lugar en un entorno completamente distinto, por ejemplo, en los entornos ya existentes? Pienso, por ejemplo, en ciertos *happenings*.
Es un mal ejemplo, porque los *happenings* no funcionan precisamente por falta de comunicación social. A pesar de las intenciones de los artistas, los *happenings* se quedan en espectáculos pobres, destinados a unos espectadores pasivos. La construcción urbana es la expresión y la imagen de una estructura social que no es posible cambiar sin cambiar antes la sociedad. Mis proyectos no son meras construcciones arquitectónicas. Son construcciones de base para una mayor libertad, para una mayor flexibilidad de unos medios muy variados, que se componen y se descomponen constantemente. Los auténticos constructores de Nueva Babilonia serán los neobabilonios.

El principio de desorientación

El espacio estático

Es evidente que, en la sociedad utilitarista, la construcción del espacio se basa en un principio de orientación. De lo contrario, el espacio no podría funcionar como lugar de trabajo. Si consideramos el empleo del tiempo bajo la óptica de la utilidad, es importante no perder tiempo y, por tanto, minimizar los desplazamientos entre el hábitat y el lugar de trabajo. Dicho de otro modo, el espacio es valorado en la medida en que funciona para este objetivo. Por este motivo todas las concepciones urbanísticas propuestas hasta nuestros días parten de la orientación.

El espacio dinámico

Por el contrario, si pensamos en una sociedad lúdica, en la que se despliegan las fuerzas creativas de las grandes masas, este principio pierde su sentido. Una construcción estática del espacio no es conciliable con los constantes cambios de comportamiento que pueden producirse en una sociedad sin trabajo. Las actividades lúdicas llevarán inevitablemente a una dinamización del espacio. El *homo ludens* interviene sobre su entorno: interrumpe, cambia, intensifica. Recorre los trayectos y deja en todas partes las huellas de sus actividades.

Más que ser una herramienta de trabajo, el espacio se convierte para él en el objeto de un juego. Por este motivo quiere que sea móvil y variable. Al no tener ya necesidad de desplazamientos rápidos, nada se opone a que intensifique y complique el uso del espacio, que para él es sobre todo un terreno de juego, de aventuras y de exploración.

Su forma de vida se verá favorecida por la desorientación, que hará que el uso del tiempo y del espacio sea más dinámico.

El laberinto
Con el laberinto, la desorientación es objeto de una búsqueda consciente. En su forma clásica, la más sencilla, la planta de un laberinto muestra, en un espacio dado, el trayecto más largo posible entre la entrada y el centro. Cada una de las partes de este espacio es visitada, como mínimo, una vez: en el laberinto clásico no hay posibilidad de elección. Más tarde se inventaron laberintos más complicados, añadiendo vías sin salida o falsas pistas, que nos obligan a volver sobre nuestros pasos. Sin embargo, queda un único camino "justo" que nos lleva al centro. Este laberinto es una construcción estática que determina los comportamientos.

El laberinto dinámico
La liberación del comportamiento exige un espacio social laberíntico, pero que al mismo tiempo pueda ser modificado constantemente. Ya no habrá ningún centro que debamos alcanzar, sino una multiplicidad

de centros en constante desplazamiento. Ya no se tratará de extraviarse en el sentido de "perderse", sino en el sentido más positivo de "encontrar caminos desconocidos". Bajo la influencia de los "extravíos", el propio laberinto cambia de estructura. Se trata de un proceso ininterrumpido de creación y destrucción que yo denomino *laberinto dinámico*. De este laberinto dinámico apenas sabemos nada. Se entiende que un proceso como éste no podrá preverse o proyectarse sin que se ponga al mismo tiempo en práctica, algo que resulta imposible mientras la sociedad mantenga su carácter utilitarista.

En una sociedad lúdica, la urbanización adoptará automáticamente el carácter de un laberinto dinámico.

La creación y la re-creación constantes de las formas de comportamiento exige una construcción y reconstrucción interminables de sus escenarios.

Esto es el urbanismo unitario.